ALLOCUTION

PRONONCÉE

SUR LA TOMBE

DE

M. JÉROME DE TRINCAUD-LATOUR

PAR

M. FALLIÈRES

CURÉ DE LAUZUN

ALLOCUTION

PRONONCÉE

SUR LA TOMBE

DE

M. JÉROME DE TRINCAUD-LATOUR

PAR

M. FALLIÈRES

CURÉ DE LAUZUN

S'il existait une consolation possible en présence du malheur qui vient de nous frapper, nous la trouverions dans les nombreux témoignages de respect et de sympathie rendus à la mémoire de notre père par tous ceux qui l'ont connu.

Nous devons tout d'abord remercier M. Henri Charrié, maire de Lauzun, qui s'est fait, dans de touchants adieux, le véritable interprète de la population qu'il représente si bien. Mais ce qui nous a aussi profondément ému, c'est l'éloquente allocution prononcée par M. Fallières, curé de Lauzun. Aussi désirions-nous vivement la faire connaître à ceux de nos parents et de nos amis qui n'avaient pu assister à la triste cérémonie des funérailles. Mais, pour cela, il nous a fallu vaincre les résistances que nous opposait la modestie de l'orateur; il a fini cependant par céder à nos sollicitations réitérées et par nous autoriser à livrer à la publicité cette expression si vraie de l'affectueuse vénération qu'il avait vouée à celui que nous pleurons. Qu'il reçoive ici l'hommage de notre profonde gratitude ; elle vivra, dans nos cœurs, aussi longtemps que la mémoire à jamais bénie du meilleur des pères.

Albert DE TRINCAUD-LATOUR.
Henri DE TRINCAUD-LATOUR.
Élisabeth MERCIER née DE TRINCAUD-LATOUR.
Marie DE VILLEPREUX née DE TRINCAUD-LATOUR.
Louis DE VILLEPREUX.

ALLOCUTION DE M. FALLIÈRES.

MESSIEURS,

En présence de ces restes mortels autour desquels se presse une foule nombreuse, émue et sympathique, je n'éprouve qu'un seul besoin, le besoin d'admirer. Vous me permettrez, Messieurs, de le satisfaire : l'occasion est si belle ! D'ailleurs, par le temps qui court, par ce temps de capitulations et de compromis, elles deviennent chaque jour plus rares, les nobles vies, les vies faites tout d'une pièce et qu'aucune palinodie n'a déshonorées. Or, telle a été la vie de celui que nous pleurons : obstinément fidèle à son drapeau religieux comme à son drapeau politique, à son Dieu et à nos vieux Rois, les longues dérisions de la fortune l'ont trouvé toujours debout et toujours serein. Il a été noble de cœur comme de race ; il s'est montré homme de caractère, grand chrétien, époux admirable, Jérôme de Trincaud-Latour, ex-membre du Conseil municipal de Lauzun, chevalier de la Légion d'honneur, ancien sous-préfet de Saint-Gaudens, retourné à Dieu hier matin, dans la quatre-vingt-onzième année de son âge.

Si je ne me trompe, Messieurs, le caractère n'est pas autre chose que la force de la volonté, que cette énergie sourde et constante que les caresses ne peuvent amollir, ni les menaces intimider. Cette définition donnée, il est aisé de conclure que la vie de M. de Trincaud-Latour a été admirable par le caractère. En 1827, lorsqu'il était encore à Saint-Gaudens, sous-préfet aimé et estimé de tous, il fit un voyage à Paris en compagnie de son beau-père, M. de Cazenave, et de quelques amis dévoués. Sa fidélité, dans cette circonstance, fut secrètement et habilement tentée : des hommes haut placés, mais sans conscience, quelques-uns de ces hommes dont la race a pullulé sur notre sol volcanique, des adorateurs du veau d'or et du soleil levant, proposèrent à M. de Trincaud-Latour de louvoyer à leur exemple et de se ménager ainsi

les faveurs de la Révolution qui se préparait. A ces propositions, le noble cœur du modeste sous-préfet de Saint-Gaudens frémit et s'indigna ; il prit en pitié ces âmes vénales et se jura à lui-même de rester fidèle à son drapeau et à ses serments. Quelques jours après, ayant été honoré d'une audience de madame la duchesse de Berry, et celle-ci lui exprimant la résolution prise par la famille royale de mourir sur les marches du trône : « Eh bien, Madame, vous ne mourrez
« pas seule, répliqua M. de Trincaud, je mourrai avec vous. »
Et, de fait, il a tenu sa parole ; il est bien mort en 1830, puisqu'il a refusé de servir les Bourbons de la branche cadette. Il est mort aux honneurs, mort aux fonctions grassement rétribuées, mort à toutes ces choses que poursuivent, avec une activité fiévreuse et quelquefois misérable, la plupart des hommes du temps présent. Les suicides de ce genre, suicides aussi rares que glorieux, Dieu les approuve, et la postérité, s'il y a un jour une postérité, les inscrira sur des tablettes d'or. Toutefois, l'humble sous-préfet de Saint-Gaudens ne mourut pas sans grandeur ; naturellement, et presque à son insu, il eut un moment et une réponse véritablement sublimes. C'était le 29 juillet 1830 ; fiers du triomphe de leurs frères de Paris, les orléanistes de Saint-Gaudens s'attroupèrent autour de la Sous-Préfecture, proférant des menaces contre le Sous-Préfet qui refusait d'arborer le drapeau tricolore. M. de Trincaud-Latour s'avança au milieu d'eux, et, sans être ni ému ni intimidé par leurs cris sauvages : Messieurs, leur dit-il, cent canons braqués contre ma poitrine ne me feraient pas arborer un drapeau qui n'est pas le

mien. — Et, grâce à ce courage, il eut la gloire de tenir haut et ferme, encore quelques heures durant, aux fenêtres de la Sous-Préfecture, ce drapeau blanc que la France abattait à l'instant même où ses soldats le plantaient sur les murailles d'Alger, emporté d'assaut.

Grand comme citoyen, M. de Trincaud-Latour a été singulièrement édifiant comme chrétien. Depuis neuf ans que j'exerce le ministère, je n'ai guère souvenance d'avoir rencontré, du moins chez un homme, ni une foi plus vive, ni une obéissance plus humble et plus empressée aux saintes lois de l'Église. Tous les ans, durant le temps pascal, il était heureux de s'asseoir à la Table eucharistique et de recevoir le Dieu qui fortifie et qui console. Son respect pour l'adorable sacrement était sans bornes. Un jour, il y a, je crois, deux ans, il s'approchait pour recevoir l'hostie sainte de ce même autel sur lequel on vient d'offrir pour lui le sang rédempteur ; il voulut la recevoir agenouillé comme autrefois ; il essaya, en effet, de ployer ses deux genoux raidis par l'âge et par la souffrance, mais, ses forces trahissant son pieux courage, il s'affaissait, lorsqu'il fut relevé par deux fidèles serviteurs, et, ce fut debout, soutenu entre leurs bras, qu'il reçut, de ma main tremblante d'émotion, la communion pascale. Ce spectacle, Messieurs, il m'est devenu impossible de l'oublier ; je le vois encore ce vieillard à la blanche chevelure, à l'œil vif et doux, à la haute stature et au noble maintien, recevant debout le Dieu de l'Eucharistie. — Je le vois tel que je viens de le dépeindre, je le vois comme une apparition de la foi d'un âge meilleur que le nôtre. Du chrétien,

M. de Trincaud-Latour n'avait pas seulement la foi vive et les respects pieux ; il en avait aussi la charité, et cette charité qui est peut-être la plus difficile, la charité à l'endroit de ses adversaires politiques et des événements dont il avait été la victime. Certes, il ne pouvait aimer la Révolution de Juillet, puisque cette Révolution avait brisé l'avenir prospère auquel lui permettaient d'aspirer ses talents d'administration, la rare bonté de son cœur et la distinction de ses manières. — Et cependant toutes les fois que, sous les ombrages de Vitailles, il s'est entretenu avec moi des hommes et des événements de Juillet 1830, il m'a étonné, il m'a édifié par la justice pleine de bénignité avec laquelle il appréciait les hommes et les choses. — Jamais une malédiction, jamais une récrimination, jamais une parole de représailles n'est tombée de ses lèvres contre les hommes et les choses dont pourtant il avait beaucoup souffert. — Merci, ô mon Dieu, de m'avoir donné à moi-même cette leçon de parfaite charité ; cette leçon me paraît d'autant plus opportune que, de nos jours, les défaites imméritées du droit ont amassé, dans l'âme de certains vaincus, des trésors de colère et d'âpre rancune.

Enfin, Messieurs, l'époux, chez celui que nous pleurons, l'époux a été constamment à la hauteur du chrétien et du citoyen. Sur ce point-là, si je voulais dire toutes les choses qui ont ému suavement mon âme, je serais trop long et j'abuserais de votre si bienveillante attention. Je dirai du moins que nulle part, mieux que sous le modeste toit de Vitailles, le vrai et vivant modèle du mariage chrétien ne m'est

apparu. Où rencontrerai-je jamais, comme je les ai rencontrés là, ces respects réciproques, ces attentions délicates, ces appellations affectueuses qui d'ordinaire ne survivent pas au ravage des ans ? Mais, sous le toit de Vitailles, toutes ces choses s'étaient conservées aussi nombreuses, aussi fraîches et aussi sincères qu'aux premiers jours d'une union que Dieu avait glorieusement bénie. L'amour, l'amour lui-même, sous la forme de l'amitié, avait gardé sa première flamme, jusque sous les neiges de la quatre-vingt-dixième année. Ce spectacle charmant qu'il m'a été donné de contempler fréquemment m'a prouvé à moi-même que j'avais eu tort naguère de révoquer en doute la vérité d'une certaine assertion du Père Lacordaire, de sainte et éloquente mémoire. Dans le premier chapitre de son admirable opuscule sur Marie Madelaine, l'illustre Dominicain a écrit sur le mariage chrétien ces remarquables paroles. « L'amitié, a-t-il dit avec
« l'incomparable magie de son style, l'amitié se lève de la
« couche nuptiale refroidie comme un lis parfumé de l'a-
« mour qui n'est plus, et la vieillesse elle-même embaumée
« de ce parfum qui la transfigure, se penche vers la tombe
« comme ces arbres séculaires qui ont réservé pour leurs
« dernières années leurs plus belles fleurs et leurs meilleurs
« fruits. L'amitié est, dans le christianisme, le terme et la
« récompense suprême de l'amour conjugal. » Que ces choses fussent possibles, longtemps je ne l'ai pas cru ; vous m'avez détrompé, et vous, Jérôme de Trincaud-Latour et vous, sa veuve inconsolable, au cœur aussi noble que tendre, Claire de Cazenave. Je vous remercie tous les deux de m'a-

voir prouvé que Lacordaire n'a exagéré ni la puissance de l'amour chrétien, ni la splendeur des récompenses dont le Seigneur se plaît à le couronner même ici-bas.

J'ai fini, Messieurs, et en admirant, comme je viens de le faire, cette vie si grande, si chrétienne et si modeste, j'ai soulagé mon âme. Ces paroles sorties de mon cœur de prêtre et d'ami de la famille, je les dépose comme une fleur funéraire sur la tombe de M. Jérôme de Trincaud-Latour. Puisse le parfum de cette modeste fleur embaumer, en la consolant, la douleur des fils et des petits-fils, des parents et des amis de celui que nous pleurons ! Si les fils et les filles de notre cher défunt me demandaient une inscription pour sa tombe qui s'élèvera solitaire et sans faste, comme sa vie, dans ce cimetière de Saint-Macaire, je leur dirais : Enfants, gravez ces simples mots sur la tombe de votre père : « il fut « grand par le caractère, grand par sa foi ; et sa grandeur « n'eut d'égales que sa bonté et sa modestie. »

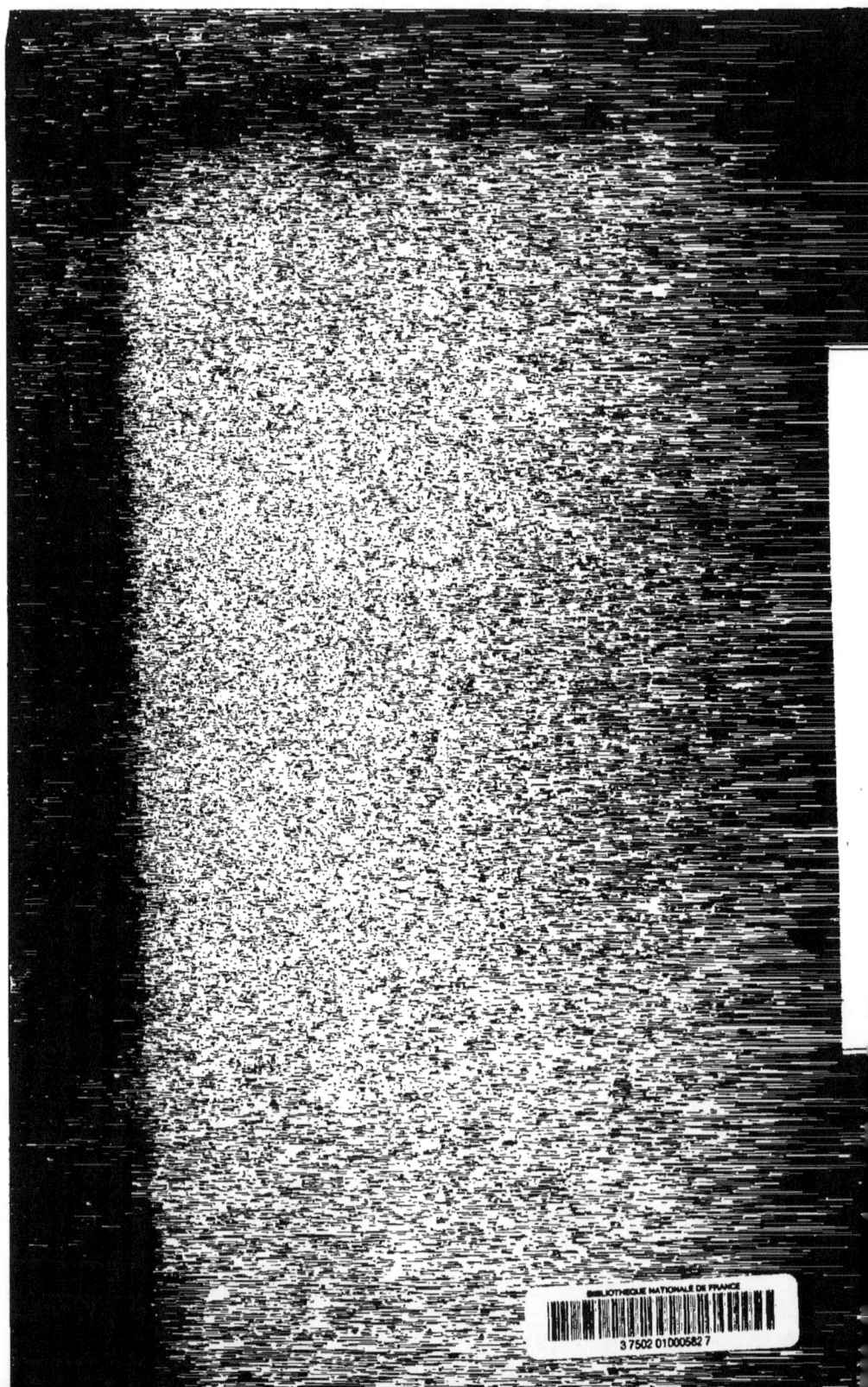

www.ingramcontent.com/pod-product-compliance
Lightning Source LLC
Chambersburg PA
CBHW070530050426
42451CB00013B/2938